COURTE NOTICE

SUR

ÉMERY BIGOT

L'ARCHIVISTE

PAR

LÉON BIGOT

Professeur de l'Université
Membre de plusieurs Sociétés savantes

PARIS

MDCCCLXXXVI

A mon Cousin

LÉOPOLD BIGOT

Léon Bigot

EMERY BIGOT

Le dix-septième siècle, ce siècle étonnant
qui vit à la fois le grand Corneille, Racine,
La Fontaine et Molière, et qui restera une
des plus belles époques de l'histoire de la
pensée, a eu ses érudits modestes, ses savants
silencieux et graves, tout comme les autres
âges, — ses chercheurs laborieux à côté de
ses hommes de lettres éblouissants et illustres.
On serait peut-être tenté de les oublier
quelque peu, les érudits, tant leur nom pâlit
devant la gloire des écrivains qui seront
l'immortel honneur de la France : mais il
nous semble que l'oubli serait une mauvaise
action, une ingratitude. Il faut à chacun sa
part, dans la mémoire de la postérité : c'est
ce que Charles Monselet a pensé, sans doute,
quand il a publié, sur le siècle qui suivit
celui dont nous parlons, un ouvrage de
critique littéraire généralement estimé : *Les
Oubliés et les Dédaignés;* c'est ce que je
pense aussi, en écrivant ces quelques notes
sur Emery Bigot l'Archiviste.

Il faut aimer les Lettres et l'Histoire, se
complaire dans l'étude du Passé, et être,
enfin, un ami assidu des livres, pour connaître
Emery Bigot. Ce n'est pas un *dédaigné* du
XVIIe siècle, mais c'est bien réellement un
oublié. Pourtant l'existence de ce savant ne
fut pas dénuée d'éclat, et ses contemporains

professèrent pour lui une profonde estime.
Il eut la réputation d'être l'un des hommes
les plus instruits de son temps : or, on peut
reconnaître que son temps ne fut pas un
temps d'ignorance, et qu'il y eut, alors, soit
chez les Jésuites, soit à Port-Royal et parmi
les docteurs de la Réforme, des érudits d'une
valeur incontestable.

Emery Bigot naquit à Rouen en 1626, —
dix ans avant l'apparition du *Cid*. Sa famille
est une des plus vieilles maisons de la
Normandie. *Le dictionnaire de la Noblesse* (¹)
veut bien nous apprendre que les Bigot
étaient qualifiés *vivants noblement et nobles
de race.* Il nous semble que cette considéra-
tion nuit un peu à la modestie de notre
savant, que nous eussions voulu roturier
comme un moine, et s'élevant dans le monde,
en ce siècle blasonné, par la toute puissance
et l'éclat de son talent. Mais il paraît
qu'Emery Bigot n'était pas un homme de
rien, quoiqu'il fût homme de lettres. Il
portait *d'argent, au chevron de sable, ac-
compagné de trois roses doubles de gueules,
deux en chef et une en pointe.* Un de ses aïeux,
Emery, était seigneur de Fontaine et de
la Turgère, vicomte de Verneuil ; un autre,
Guillaume Bigot, exerça vers 1462 la charge
d'avocat du Roi à Rouen ; plus tard, en 1512,
la lieutenance générale du baillage de Rouen
est occupée par Antoine Bigot ; aux Etats de
Blois, un membre de la même famille, fils
d'un avocat général au Parlement de Rouen,
Emery, Président à mortier du même Parlement, et seigneur de Tibermesnil, s'opposa
en bon français d'alors, à qui la loi fut

(¹) Paris : M. DCC. LXXI, Veuve Duchesne, avec approbation
et privilège du Roi.

proposée pour exclure Henri IV, roi de Navarre, de la succession à la couronne.

On peut placer notre savant, qui naquit en 1626, après ce magistrat, dont il est l'un des neveux. Ensuite viennent André Bigot, seigneur de Gondouville, du Haume et de Saffetot, puis, plus tard, le Président A. Bigot.

Le *Dictionnaire de la Noblesse* prend soin de nous transmettre les mille qualités des *seigneurs*, des *hauts justiciers* de la famille du docte Emery. Aujourd'hui, cette sollicitude nous semble enfantine : le seul descendant dont on ne détaille pas les titres, c'est le savant modeste qui fait l'objet de ces lignes.....

Il est vrai que l'auteur du livre reconnaît à Emery Bigot une place considérable dans la " République des Lettres ", — une place qui en vaut bien d'autres! Nous en avons ici même une preuve...

Cette famille, dispersée, divisée, s'est considérablement *roturée ;* les " nobles hommes " d'épée et de robe ont eu pour descendants, en même temps que quelques *lettrés*, d'innombrables *vilains* qui ignoraient jusqu'au nom des seigneurs de Fontaine et de la Turgère.

Eh bien, ce qui surgit, ce qui reste de toutes ces ruines, de tout ce passé, c'est le nom de l'homme... qui a jugé le moins de gens et tiré le moins l'épée : c'est celui de Bigot l'Archiviste.

Nous avons fait remarquer, un peu plus haut, que Emery Bigot était né dix ans avant le *Cid*. Cette remarque a sa portée. Dix ans avant le *Cid!* On voit l'époque : on l'enveloppe du regard. Emery aura vingt ans de moins que Corneille, qui a fait paraître son admirable tragi-comédie à trente ans, et, par conséquent, il pourra être un critique sérieux et délicat, au moment même où le XVII° siècle, dans lequel Corneille est entré trop tôt, jouira de son plus bel éclat.

On sait que ce XVII° siècle vit naître la mode des réunions littéraires. Mais, par malheur, la marquise de Rambouillet, qui était une femme de cœur et d'esprit, fut la plupart du temps bien mal imitée. De son hôtel on tomba dans les ruelles, — du bon goût dans le mauvais. Or, en province, l'habitude se répandit aussi de recevoir des gens de lettres, et de s'entretenir littérature et art. Ce fut, pendant longtemps, à qui jouerait au Mécène. Il est vrai de dire, cependant, que ces amis des " belles manières " et du noble langage ne furent pas tous poussés par le seul désir de satisfaire leur orgueil et leurs goûts mondains. Il n'y eut pas que des Précieuses : la Précieuse de la grand'-ville et de la cour étant déjà bien ridicule, on se demande avec effroi ce que pouvait bien être la *Précieuse* provinciale! Il y eut des "lettrés" véritables qui s'en mêlèrent, au grand profit de la pensée et du goût. Parmi ces derniers, il nous faut classer Émery Bigot.

Émery Bigot, que l'on a surnommé l'Archiviste, parce qu'il forma une magnifique bibliothèque, reçut à Rouen, pendant la plus grande partie de sa vie, — une fois par semaine, — un petit cénacle de gens de lettres. Il est acquis aujourd'hui que l'hôtel d'Émery Bigot vit plus d'une fois les deux Corneille, et que tout ce qu'il y avait d'illustre ou simplement de distingué dans la littérature, entretint des relations avec le savant Rouennais.

Pierre Nicole, le grand Arnauld, Pascal, Bossuet, Fénelon, l'abbé de Rancé, Mabillon et le pasteur Jean Claude, — philosophes, jansénistes, catholiques et huguenots, ont

connu Emery Bigot, lui ont parlé, lui ont
écrit, au sujet même des intérêts qui les
divisaient. Ils trouvaient, sans doute, dans le
commerce de l'*Archiviste*, eux, les fougueux,
les polémistes, les rois de la chaire ou du
livre, — Bossuet, l'orgueilleux génie, comme
Claude, le prince de la dialectique et de la
contreverse, — Fénelon, le théologien poète,
comme de Rancé, devenu trappiste austère
après la mort d'une femme éperdûment
aimée, — la paix de l'étude, la douceur
ineffable dont le " sage " sait toujours
s'entourer.

Emery Bigot avait d'ailleurs une conver-
sation particulièrement attrayante et nourrie
de faits : car il avait beaucoup voyagé, grâce
à sa grande fortune, et il parlait avec plaisir
de ses excursions, des nombreux savants
qu'il avait pu rencontrer et avec lesquels
il était resté en correspondance assidue,
malgré l'éloignement. On comprend aisément
si, dans de telles conditions, sa maison
méritait bien le nom d' " Académie " qui lui
a été donné.[1] On comprend aussi de quel inté-
rêt peuvent être ses *Lettres*, qui constituent le
plus clair de son œuvre ! Malheureusement,
les *Lettres* d'Emery Bigot ont été dispersées
de tous côtés, et nous n'avons pas d'édition
définitive qui nous permette de juger, d'après
lui, et avec la précision que pourrait nous
apporter une correspondance familière, la
vie littéraire d'une partie du XVII siècle !
Jean Pierre Nicéron, qui vint au monde
quatre ans à peine avant la mort d'Emery
Bigot, mais qui a beaucoup étudié l'histoire
littéraire de son temps, en sa qualité de
professeur de philosophie et de rhétorique,

---

(1) Vapereau, *Dictionnaire des Littératures*.

a écrit le cours qu'il fit chez les Barnabites, aux collèges de Loches et de Montargis. C'est ce cours qu'il a intitulé : *Mémoires pour servir à l'Histoire des Hommes Illustres dans la République des Lettres.* Or, dans ce livre, Nicéron n'est pas sans laisser voir la part très grande que prit Bigot au mouvement des esprits, et la renommée de bon aloi qu'il acquit parmi les délicats et les érudits de son temps. Nous regrettons d'autant plus l'impossibilité où nous sommes de tenir, en un volume, ce que pouvait écrire Emery Bigot aux hommes d'esprit qu'il a connus.

Si nous n'avons pas la " correspondance " entière de Bigot, nous avons de lui un ouvrage d'érudition.

Emery Bigot découvrit un jour en Italie, à Florence, dans une bibliothèque qu'il visitait avec la curiosité du chercheur, une *Vie de Saint-Jean Chrysostome* par Palladius, non par Palladius l'auteur du *De Re Rusticâ*, mais par Palladius-le-Grec (Palladios), auteur de l'*Histoire Lausiaque.* Bigot traduisit la *Vie de Saint-Jean Chrysostome* et publia sa traduction. (¹)

L'ouvrage est digne de la réputation de philologue et de lettré que Bigot avait su conquérir.

Emery Bigot l'Archiviste, mourut le 18 octobre 1689, laissant le souvenir d'une belle et laborieuse vie consacrée exclusivement aux choses de l'esprit.

---

(1) Paris, 1680, in-4°. C'est cette traduction que l'auteur de ces lignes a pu contempler, tout enfant, parmi les livres familiers de son père, alors avocat à la Cour d'Appel de Paris; c'est ce volume dont il lui a été dit, maintes fois : « Voici l'œuvre d'un aïeul. » Aussi accomplit-il aujourd'hui un pieux devoir. L. B.